T0326891

KITCHEN & MATERIALS
wood laminate steel

Copyright © 2015 Instituto Monsa de Ediciones

Editor, concept, and project director
Josep María Minguet

Co-author
Eva Minguet

Art director, design and layout
Eva Minguet
(Monsa Publications)

Cover design
Eva Minguet
(Monsa Publications)

INSTITUTO MONSA DE EDICIONES
Gravina 43 (08930)
Sant Adrià de Besòs
Barcelona (Spain)
Tlf. +34 93 381 00 50
www.monsa.com
monsa@monsa.com

Visit our official online store!
www.monsashop.com

Follow us on facebook!
facebook.com/monsashop

ISBN: 978-84-16500-06-2
D.L. B 24634-2015
Printed by Grafo

KITCHEN & MATERIALS
wood laminate steel

monsa

INTRO

In recent years, the concept of kitchens has been changing. From being a place only thought of for preparing meals, it has become a meeting point for families and friends, and often serves as the core of one's home. Making this a cosy place where functionality, aesthetics, and comfort seamlessly blend together can be quite the challenge.

There are endless possibilities when designing a kitchen, offering us a chance for total creative freedom where avant-garde or vintage styles can be mixed without a problem. Several soft or tones and shades of white can be employed depending on the feeling you wish to convey, and you can choose an outstanding design for its simplicity and its linearity, or include ornamental additions and small storage spaces to add extra character.

All of these details will define the design of your desired kitchen, and without a doubt one of the most important details is the choice of the primary material comprising the structure of one's kitchen, both in terms of the countertops and furnishings.

We are going to focus on the three most commonly used materials, which are Wood, Laminate, and Stainless Steel. The composition of the dining area and its orientation, furniture, layout, and lighting are key aspects when deciding between these three materials.

En los últimos años, el concepto de cocina ha ido cambiando. De ser un lugar solo concebido para la preparación de comidas, se ha convertido en un punto de reunión, tanto para familias como para amistades y en muchos casos en el núcleo de la vivienda. Hacer de este un sitio acogedor, donde la funcionalidad, la estética y el confort se mezclen, es todo un reto.

Existen infinitas posibilidades a la hora de diseñar una cocina, estamos en un momento de plena libertad creativa, donde estilos vanguardistas o vintage, se mezclan sin problema, pueden utilizarse multitud de colores o tonos suaves y blancos según la sensación que se quiera transmitir, elegir un diseño destacado por su sencillez y su linealidad, o incluir complementos ornamentales y de pequeño almacenaje que siempre dan personalidad.

Todos estos detalles definirán el diseño de la cocina deseada, y uno de los detalles más importantes sin duda, es la elección del material principal del que estará compuesta la estructura de nuestra cocina, tanto en el caso de la encimera como el mobiliario de esta.

Nosotros nos vamos a centrar en los tres materiales más usados, que son la Madera, el Laminado y el Acero Inoxidable. La composición del comedor, su orientación, el mobiliario, los metros y la iluminación son los aspectos fundamentales a tener en cuenta a la hora de escoger entre estos tres materiales.

INDEX

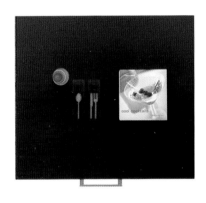

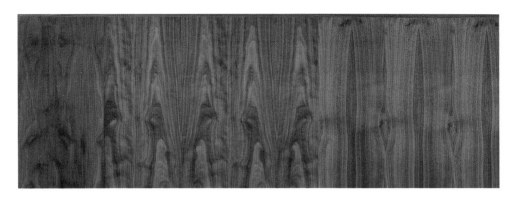

WOOD MADERA

Kitchens offer an abundance of opportunities both for cutting-edge styles as well as a more contemporary or classical look. There is a large variety of wood types and different finishes: natural or stained, matte or glossy, etched, and aged, just to name a few.

Wood kitchens are a great alternative for those seeking warm and soft aesthetics in addition to quality and functionality.

These designs exude elegance and naturalness, while meeting the highest standards of beauty and comfort.

Las cocinas ofrecen grandes posibilidades tanto para estilos de vanguardia como para los contemporáneos o clásicos. Existe una gran variedad de maderas y con diversos acabados: natural o tintado, mate o brillante, decapado, envejecido son algunas de las opciones.

Las cocinas de madera son una estupenda alternativa para aquellos que quieran además de calidad y funcionalidad, una estética cálida y suave.

Estos diseños que desprende elegancia y naturalidad y que cumple con los más altos estándares de belleza y confort.

© Galder Izaguirre

ALNO

DICA

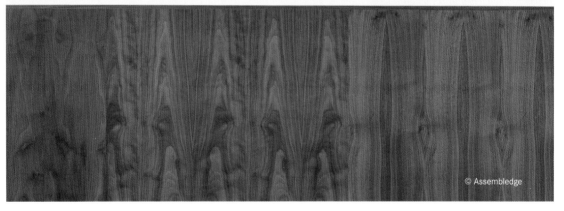

© Nils Holger Moormann

Natural and "rustic" details: take advantage of a rustic table to add a special touch to your kitchen. This will help to personalize the space.

Detalles naturales y "rústicos" aprovechar el aspecto de una mesa rústica para agregar al entorno de la cocina. Esto personalizará el ambiente.

DICA

CESAR

Hidden appliances are a good idea so that everything looks well composed.
Open kitchens with easy-to-clean materials and which share a space with the living room, minimalist style, and high-quality linear furniture.

Los electrodomésticos escondidos son una buena idea para que todo quede compuesto.
Cocinas abiertas con materiales que se limpian fácilmente, que comparten el espacio con el salón, de estilo minimalista, muebles rectos y de mucha calidad.

Wooden counters are increasingly popular among people wanting to redo their kitchen. There are several types of wood available for this purpose. On the one hand, there are soft and thus more fragile materials, such as Eucalyptus wood or Bamboo Then there are more resistant options, such as Beech, Oak, or Walnut, all three of high quality. We would like to mention that even though Beech is often twice as cheap as Oak, its appearance confers a different style on the kitchen.

La encimera de madera es cada vez más popular entre las personas que desean rehacer su cocina. Hay varios tipos de madera que están disponibles para este recubrimiento. Por un lado, maderas blandas y por lo tanto más frágiles, como el Eucalipto o Bambú. Otras opciones de árboles más resistente, son el Haya, el Roble o el Nogal, las tres de gran calidad, nos gustaría destacar que a pesar de que el Haya en muchos casos es hasta dos veces más barato que el Roble su aspecto da un estilo diferente en la cocina.

Styles of wooden countertops.

Estilos de encimera de madera.

© Hannes Henz

If the kitchen opens to the living room, hidden appliances are a good idea so that everything looks well composed. Combinations of different materials, such as wood and steel, create very modern looks as well.

Si la cocina está abierta al salón, los electrodomésticos escondidos son una buena idea para que todo quede compuesto. Muy modernas también son las combinaciones entre distintos materiales como por ejemplo la madera y el acero.

© Lichtbau.Wagner Architects

The furnishings of a kitchen should facilitate our activities in the space. If the design of the kitchen so requires, folding wall units should be considered for comfort and mobility.

El mobiliario de la cocina nos debe facilitar la vida dentro de ella. Si el diseño de la cocina lo requiere, los muebles altos abatibles, hay que tenerlos en cuenta para la comodidad, en el movimiento.

DICA

More than anything the rustic style should evoke contact with nature, so any décor based on this trend should make use of stones or natural materials like granite, marble, etc. However, wood in particular is an indispensable element for any 'rustic' home.

El estilo rústico ante todo tiene que evocar contacto con la naturaleza, por ello, cualquier decoración basada en esta tendencia deberá emplear piedras o materiales naturales tales como el granito, el mármol... pero, sobre todo, la madera, elemento indispensable en cualquier hogar rústico.

DICA

© Yael Pincus

MENEGHINI ARREDAMENTI

With both dark or black wood, as well as lighter or white varieties, we can achieve a modern effect, and the best choice between one or the other will always depend on the lighting and available space.

Tanto con la madera oscura o negra como con la de colores claros o blanca conseguimos un efecto de modernidad, la mejor opción entre una u otra, siempre dependerá de la luz y situación en el espacio del que disponemos.

TECNOCUCINA

© Hannes Henz

© Cesar

Large spaces invite us to enjoy natural materials and which immerse us into an environment of peace and tranquillity.

Espacios amplios que invitan a disfrutar de los materiales naturales, y nos sumergen en una atmósfera de tranquilidad y paz.

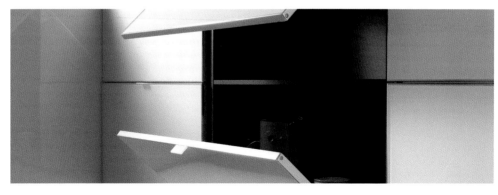

LAMINATE LAMINADO

Laminates are durable and economical. There are many to choose from, but the most common are: *Composite, Melamine, Thermo-Structured, and Polylaminate.*

Agglomerate doors coated with a decorative sheet for great results, since this material is highly resistant to moisture, friction, and scratching.

It has a very modern appearance, and is easy to combine with other materials in addition to being resistant and highly durable. It is also easy to maintain, can be cleaned with ease, and it comes at an affordable price. It is also possible to find laminates with gloss or matte finishes. It is a great alternative to a glossy lacquer.

Los laminados son resistentes y económicos, hay una gran variedad pero los más comunes son: *Estratificados, Melaminas, Termoestructurados y Polilaminados.*

Las puertas de aglomerado recubiertas con una lámina decorativa, dan un gran resultando, es un material de muy resistente a la humedad, a la fricción y al rayado.

Su apariencia es muy actual, es fácil de combinar con otros materiales es resistente y tiene una gran durabilidad. Su mantenimiento es sencillo, ya que se limpia con gran facilidad y su precio es asequible. Podemos encontrar laminado con acabados en brillo o mate. Es una muy buena alternativa al lacado brillante.

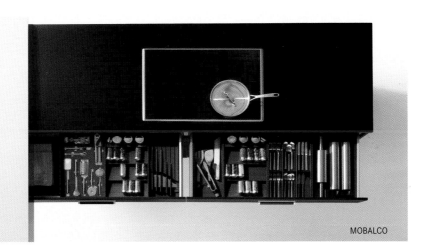

MOBALCO

MOBALCO

MOBALCO

© Virginia Lung

Through pressing on the laminate material, we can achieve a rough texture giving us an extraordinary natural look.

Realizando un prensado sobre el material laminado, conseguimos que este tenga una textura rugosa, que nos dará una extraordinaria apariencia natural.

© Molbalco

© Molbalco

© Boffi

More examples of thermo-structured laminates.

Más ejemplos de laminados termo-estructurados.

CESAR

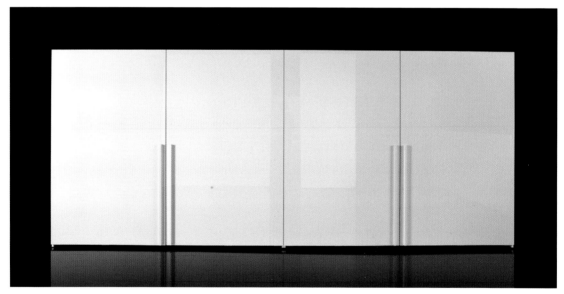

Minimalist kitchens are functional, simple, and elegant. The furnishings are linear, with smooth finishes and right angles, especially for the cabinets.

Las cocinas minimalistas son funcionales, sencillas y elegantes. Los muebles son lineales, de acabado liso y con ángulos rectos, especialmente para los armarios.

© Dada

© Dada

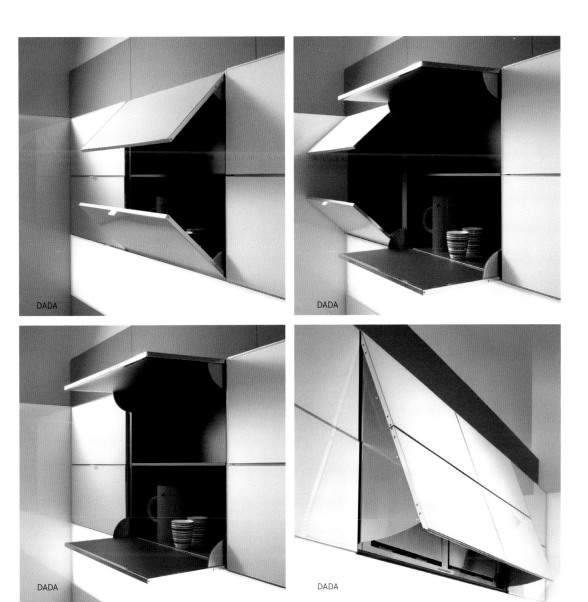

© Miran Kambia

© Ebanis

Island kitchens create a sense of movement and make the space dynamic.

Las cocinas de isla dan movimiento y hace dinámico el espacio.

© Galder Izaguirre

74

© Häcker Küchen

With laminate almost any colour is possible, so all you have to do is choose the most appropriate one for your kitchen.

Gracias al laminado, veremos que se pueden lograr todos los colores de la paleta, basta con elegir el más apropiado para nuestra cocina.

ARTIFICIO

ALNO

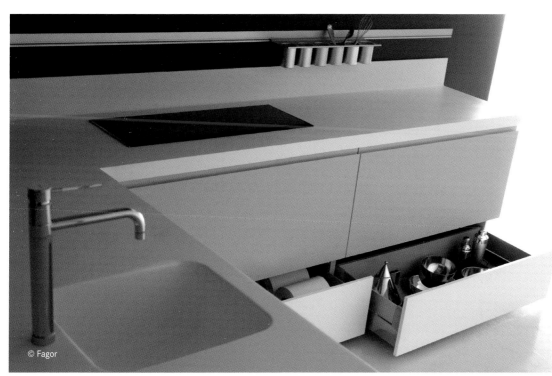

© Fagor

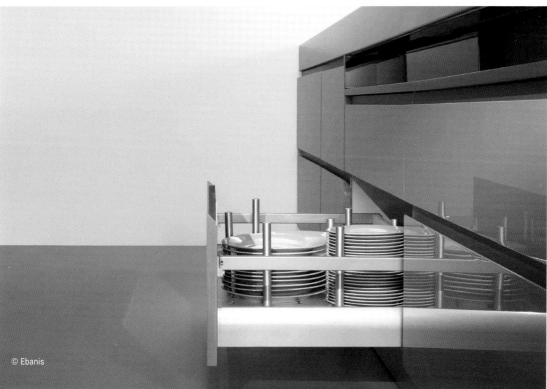

© Ebanis

Laminates with a glossy finish are a good choice for their strength and durability. They're also affordable and easy to clean.

Laminados con acabado en brillo, es una buena elección por su resistencia y durabilidad. Fácil limpieza y precio asequible.

© Binova

© Binova

HÄCKER KÜCHEN

Including only necessary furniture in the kitchen helps to make it more comfortable and habitable, as well as easier to move about freely, especially in small spaces.

There is a large variety of furniture options, including interior lighting, integrated handles, smooth and rounded lines, etc.

Incluir únicamente los muebles necesarios en la cocina, nos ayudará a lograr mayor comodidad y conseguir un espacio más habitable donde poder desplazarse con facilidad, especialmente en los espacios pequeños.

Hay una gran variedad de muebles, encontramos con luz interior, tiradores integrados, lineas lisas y redondeadas...

CESAR

ALNO

BINOVA

HÄCKER KÜCHEN

MOBALCO

CESAR

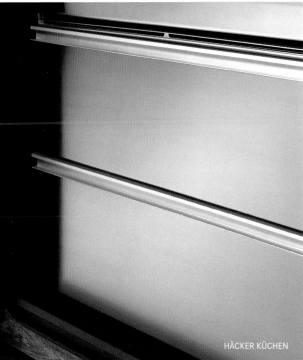

HÄCKER KÜCHEN

ALNO

DICA

© Scott Mayoral, Oonagh Ryan, Stuart Gow

92

© Andreas Ilg

© Bulthaup

© Dada

BINOVA

© Swartz Design

© David Cardelús

© David Cardelús

© Luigi Filetici

STEEL ACERO

Stainless steel kitchens are increasingly popular not only in restaurant kitchens, but are also taking the centre stage in today's homes.
In addition to providing advantages in terms of functionality, the designs are increasingly captivating and can be adapted for large or small kitchens.

Stainless steel kitchens are ideal for small spaces, as they reflect ambient light to create the illusion of a larger space.

There are several possibilities for including stainless steel in a kitchen's design: countertops, cabinets, appliances, or backsplashes, allowing us to also add other materials and create a fabulous modern combination. Stainless steel kitchens are often combined with wooden elements or laminate finishes, achieving greater customization to meet even the most exquisite tastes.

Las cocinas en acero inoxidable cada día son más populares, ya no sólo se lucen en las cocinas de restaurantes, sino que vienen tomando protagonismo en los hogares de hoy.
Además de brindar ventajas en cuestión de funcionalidad, los diseños son cada día más cautivadores y pueden adaptarse en cocinas grandes o pequeñas.

Las cocinas en acero inoxidable son ideales para espacios pequeños, pues reflejan la luz del ambiente creando la ilusión de un espacio más amplio.

Hay varias posibilidades de incluir el acero inoxidable para el diseño de la cocina: en la encimera, gabinetes, electrodomésticos o salpicaderos, dando la posibilidad de agregar otros materiales y crear una combinación fabulosa y moderna. Las cocinas con acero inoxidable suelen combinarse con elementos de madera o acabados laminados, logrando aún mayor personalización para satisfacer hasta los gustos más exquisitos.

© Luigi Filetici

Stainless steel countertops can withstand high temperatures and are not made from porous materials and thus do not harbour germs.

Las encimeras de acero inoxidable soporta altos niveles de temperatura y son de material poroso por ello, no albergan gérmenes.

ERNESTO MEDA

BINOVA

BINOVA

BINOVA

© Jordi Miralles

BULTHAUP

Stainless steel kitchens are very versatile and can be combined with any colour. With brown or wood tones we get a sense of artisan simplicity, whereas colours like yellow, red, orange, green, and blue offer a more fun and dynamic design.

Las cocinas de acero inoxidables son muy versátiles, pueden combinarse con cualquier color, con tonos marrones o maderas conseguiremos una sensación de sencillez y artesanal, en cambio con colores como amarillos, rojos, naranjas, verdes o azules, aportaremos diversión y dinamismo al diseño.

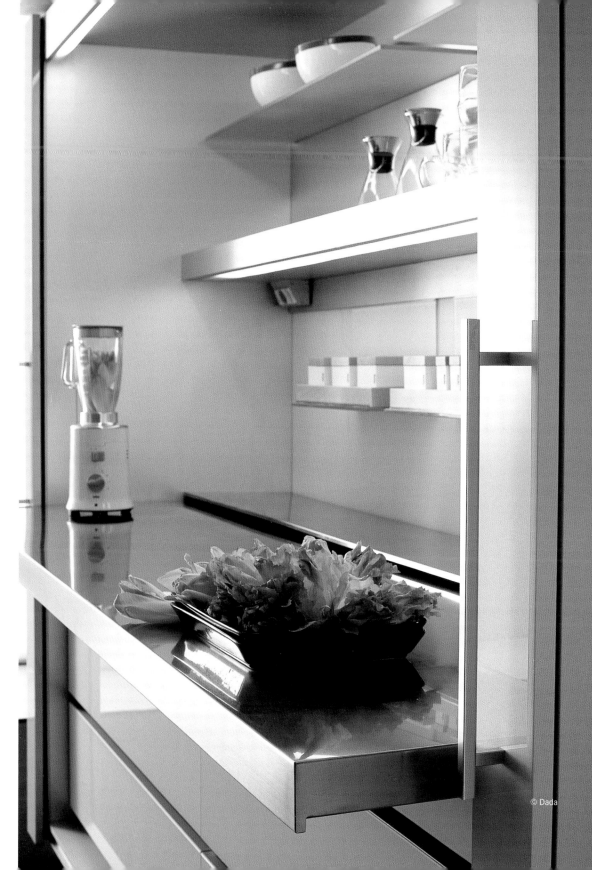

ERNESTO MEDA

BULTHAUP

CESAR

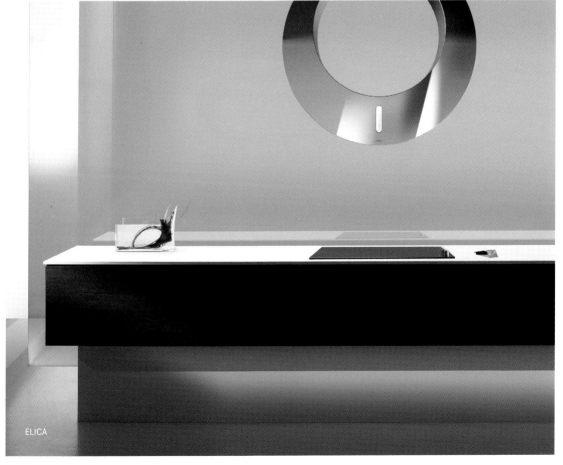

ELICA

CESAR

DADA

BULTHAUP

BULTHAUP

© Yael Pincus

A composition based on stainless steel and white laminate is a demonstration of the aesthetic and functional value of this union. The bright metallic tone contrasts with the white matte. It is a surprising which provides elegance to the space.

La composición con base en acero inoxidable y laminado blanco es una demostración del valor estético y funcional de esta unión. El tono brillante del metalizado contrasta con el blanco mate. Una mezcla sorprendente que proporciona elegancia a este ambiente.

PEDINI

We can also turn the sink into a decorative centrepiece highlighting the design of the kitchen. Stainless steel is the material par excellence compared to others thanks to its imposing appearance and hygienic properties.

Podemos convertir el fregadero en la pieza decorativa y central que marcará el diseño de nuestra cocina. El acero inoxidable es el material por excelencia a demás de por su imponente aspecto, por sus propiedades higiénicas.

ERNESTO MEDA

BINOVA

© Jordi Miralles

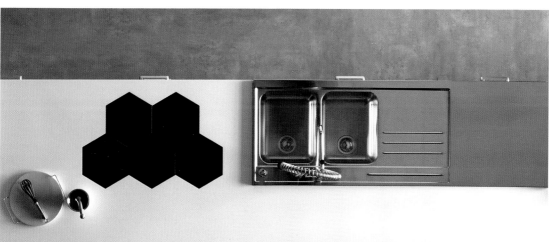

© Molbalco

© Galder Izaguirre

© Binova

© José Luis Hausmann

© Cesar

© Tuca Reinés

© Ernesto Meda

© Martin De[...]ng

The range hood is an essential element of the kitchen. As such, it should look as pleasant as possible from the beginning and should also fulfil the function for which it is intended, which is to provide us with clean and odourless air.

La campana extractora es un elemento tan esencial en la cocina. Por eso, debe ser lo más agradable posible a la vista desde el primer momento y además también debe cumplir la función para la cual está destinada, que es la de ofrecernos un aire limpio y sin olores.

© Jordi Miralles

© Darren Chung

© Dada

© Luigi Filetici

© Scavolini